藤井 恵の「粉だし」のすすめ

JN085607

みなさんは、料理のだしに何を使っていますか?

私は最近まで毎朝、昆布とかつお節のだしをとっていました。

しかし、娘たちが独立して夫婦二人の生活になると、

たっぷりのだしはいらなくなり、減塩の必要にも迫られて、

たどり着いたのが私流の「粉だし」です。「粉だし」を使えば、

おいしい、減塩、時短、エコのすべてが実現します。

毎日の食卓に「粉だし」がお役に立てればうれしいです。

藤井 恵

文化出版局

目次

この本の使い方
＊小さじ1は5㎖、大さじ1は15㎖です。
＊火加減、加熱時間などは、
　機種や使用年数、鍋の材質などによって多少異なります。
　目安として考え、様子をみながら行ってください。
＊電子レンジは600Wで加熱時間を算出しています。
　500Wの場合は1.2倍してください。
＊フライパンはフッ素樹脂加工のものを使用しています。
＊カロリーと塩分は1人分の数値を表記しています。
　小数点以下は四捨五入しています。

「粉だし」とは、
天然素材で作る粉末状のだしです

昆布、煮干し、削り節（花かつお）、干ししいたけ、干しえび、干し貝柱と、うまみの出る乾物が材料です。天然素材だけで作るので塩分に気をつかう方も安心。私は乾物を数種類組み合わせて、さらさら、ふわふわのパウダー状にしているので、うまみがよく出て、素材になじみやすいのが特徴です。保存は冷蔵庫で約1か月。冷凍庫で半年ほど日もちします。

「粉だし」のいいところ

うまみが濃い　「粉だし」はうまみ成分を豊富に含んでいるので、料理に使えば味わいがぐんと増します。塩やこしょうのようにふって、味（うまみ）をつけることもできます。

減塩できる　うまみは減塩にも役立ちます。うまみを濃くすることで満足感が得やすく、塩分量を減らせることが実証されています。

料理が早く楽に　汁物なら鍋や器に粉だしを入れ、湯を注ぐだけ。煮物なら、食材と粉だし、水を入れて煮るだけ。毎日の調理がぐんとラクになります。

カルシウムが豊富　牛乳約1杯分のカルシウムを、煮干しの粉だしなら約大さじ1、貝柱の粉だしの場合は約大さじ2/3でとることができます。

だしがらなし！　だしがらが出ません。すべて食べられるので、捨てるところがなく、材料が無駄になりません。

「粉だし」の作り方

私はミキサー（バイタミックス）にかけて粉砕しています。

ミキサーの場合、機種によって固形物だけでは回らない場合がありますので、確認してください。

茶葉やコーヒー豆、スパイスを粉末にできるミルミキサー、ミルサーであれば確実です。

❶ ミキサーやミルミキサーなどに材料を入れる。

＊機器によって材料の入れ方、セットの方法が異なります。それぞれの説明書に従い、正しく使用してください。

❷ スイッチオンで、粉砕。

❸ パウダー状になったかどうかを確認。

＊細かさは、機器のパワーによって差があるので、できる範囲や好みの加減でOKです。

「粉だし」は5種類。好みのものを選んでください

材料の組み合わせを変えると、味や風味の違う粉だしが作れます。

私のおすすめの5種類をご紹介しましょう。この本では、粉だしを料理によって使い分けていますが、

厳密なルールはありません。どれかひとつ粉だしを作り、さまざまな料理に使っていただいてもOKです。

煮干しの粉だし

西日本では「いりこだし」とも呼ばれるだしです。煮干しはうまみ成分・イノシン酸が豊富で、コクとまろやかさがあります。
昆布のグルタミン酸と組み合わせてうまみの相乗効果に。和風ほか、韓国風の料理にも合います。
★大さじ1塩分0.4g。

材料 (作りやすい分量)
煮干し…50g
昆布…2g
作り方
❶ 煮干しは頭、エラを除く。身を半分に裂き、ワタ（黒い部分）を取り除く。昆布は2cm角にはさみで切る。
❷ 材料をミキサーやミルミキサーにかけ、粉末状にする。

かつおの粉だし

かつお節はうまみ成分・イノシン酸が多いとともに、香り高い上品な味わい。
昆布のグルタミン酸と組み合わせてうまみの相乗効果に。和食全般に合います。
★大さじ1塩分0.1g。

材料 (作りやすい分量)
花かつお…50g
昆布…2g
作り方
❶ 昆布は2cm角にはさみで切る。
❷ 材料をミキサーやミルミキサーにかけ、粉末状にする。

貝柱の粉だし

貝はコハク酸、干しえびはグルタミン酸とイノシン酸、干ししいたけはグアニル酸と、うまみ成分すべてが入った粉だしです。
うまみが最も強く、満足感が高いだしは、特に中華料理に合います。
★大さじ1塩分0.4g。

材料 (作りやすい分量)
干し貝柱…15g
干しえび(蝦米)…20g
干ししいたけ…5g
作り方
材料をミキサーやミルミキサーにかけ、粉末状にする。

粉だし大さじ1＝約9ｇ、小さじ1＝約3ｇです

昆布の粉だし

昆布はうまみの基本であるグルタミン酸が多い素材。
やさしいやわらかな味わいに、干ししいたけのグアニル酸を組み合わせ、コクをプラス。
和風の料理によく合います。
★大さじ1塩分0.5ｇ。

材料（作りやすい分量）
昆布…20ｇ
干ししいたけ…5ｇ
作り方
❶ 昆布は2ｃｍ角にはさみで切る。
❷ 材料をミキサーやミルミキサーにかけ、粉末状にする。

桜えびの粉だし

桜えびはうまみ成分・グルタミン酸が豊富で、アラニン、プロリンという甘いアミノ酸が含まれており、独特な味わいと香りのだしができます。
韓国風料理のほか、料理の仕上げにふりかけてもおいしい。
★大さじ1塩分0.3ｇ。

材料（作りやすい分量）
桜えび…50ｇ
昆布…2ｇ
作り方
❶ 昆布は2ｃｍ角にはさみで切る。
❷ 材料をミキサーやミルミキサーにかけ、粉末状にする。

ハンドブレンダーの付属機能で粉砕することもできます。私はバーミックスのスーパーグラインダーにパウダーディスクをセットして使うこともあります。

粉だしは冷凍保存ができます。種類別に、数回分ずつラップに包み。茶巾のように口を閉じて，保存容器などに入れておくと、便利です。半年ほど保存可能です。

即席汁

粉だしにお湯を注いでみてください。
お茶代わりや
即席の汁物になっておすすめです。

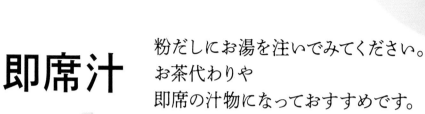

粉だし＋梅干し

材料（1人分）
かつおの粉だし…小さじ1
梅干し（調味漬け）…1個
作り方
器に粉だし、梅干しを入れ、熱湯150mlを注ぐ。
★1人分塩分0.6g、カロリー16kcal

粉だし＋しょうが

材料（1人分）
桜えびの粉だし…小さじ1
おろししょうが…小さじ1
作り方
器に粉だしを入れ、熱湯150mlを注ぐ。
おろししょうがを加える。
★1人分塩分0.2g、カロリー11kcal

粉だし＋ねぎ

材料（1人分）
煮干しの粉だし…小さじ1
万能ねぎ…2本
作り方
器に粉だしを入れ、熱湯150mlを注ぐ。
小口切りの万能ねぎを加える。
★1人分塩分0.1g、カロリー11kcal

粉だし＋緑茶＋ごはん

材料（1人分）
かつおの粉だし…小さじ1
緑茶…150ml
ごはん…茶碗1杯分
作り方
器に緑茶を注ぎ、ごはんを入れ、粉だしをのせる。
混ぜながら食べる。
★1人分塩分0g、カロリー247kcal

粉だし＋梅干し

梅干しを崩しながら飲んでください。
食欲がないときにも。

粉だし＋ねぎ

あっという間にできる即席汁物。
三つ葉や貝割れを加えても。

粉だし＋緑茶＋ごはん

いつものお茶漬けに粉だしを入れるだけで、
極上だし茶漬けに。

粉だし＋しょうが

だしのうまみにピリッとしょうがの辛み。
体がぽかぽか温まります。

炒め物

粉だしをふるだけ！　野菜ひとつで、
素材の味を生かした絶品の炒め物が完成。
塩分もぐんと控えられます。

キャベツの炒め物

調味料は粉だしと塩少々のみ。
シンプル炒めで
野菜の持ち味を楽しんで。

材料(2人分)
キャベツ…4〜5枚(200g)
貝柱の粉だし…大さじ1
[ごま油、塩]

作り方
❶ キャベツは太い葉脈と葉に分け、葉脈は斜め薄切りに、葉は4cm角ほどに切る。
❷ フライパンにごま油大さじ½を熱し、キャベツを中火で炒める。油が回ってしんなりしてきたら、粉だし、水大さじ1、塩少々を加え、手早く炒め合わせる。
★1人分塩分0.5g、カロリー59kcal

豆苗の炒め物

食感が残る程度に
手早く炒めるので、
野菜の栄養素が壊れにくいです。

材料（2人分）
豆苗…1袋
貝柱の粉だし…大さじ1
［油（米油など）、しょうゆ］

作り方
❶ 豆苗は根元を切り落とし、2
〜3等分に切る。
❷ フライパンに油大さじ½を熱
し、豆苗を中火で炒める。油が回
ったら、粉だし、水大さじ1、し
ょうゆ小さじ½を加え、手早く炒
め合わせる。

★1人分塩分0.4ｇ、カロリー57kcal

白菜の炒め物

粉だしの風味やうまみが、
淡泊な野菜のうまみを
ぐっと引き出します。

材料（2人分）
白菜…½個（200ｇ）
煮干しの粉だし…大さじ1
［油（米油など）、ナンプラー、
おろししょうが］

作り方
❶ 白菜は芯と葉に分け、それぞれ
5〜6㎝長さ、1㎝幅ほどに切る。
❷ フライパンに油大さじ½を熱
し、芯部分を入れて中火で炒め
る。油が回ったら葉を加え、粉だ
し、水大さじ1、ナンプラー小さ
じ½、おろししょうが小さじ1を
加え、手早く炒め合わせる。

★1人分塩分0.6ｇ、カロリー55kcal

トマトの炒め物

生で食べられるトマトは、
粉だしをふったら
温まる程度に加熱します。

材料（2人分）
トマト…2個
昆布の粉だし…大さじ1
［油（米油など）、塩、こしょう］

作り方
❶ トマトはへたを除き、6等分
のくし形に切る。
❷ フライパンに油大さじ½を熱
し、トマトを中火で炒める。油が
回ったら、粉だし、水大さじ1、
塩、こしょう各少々を加え、炒め
合わせる。

★1人分塩分0.5g、カロリー69kcal

ゴーヤの炒め物

ゴーヤは軽く
塩もみしてから炒めると、
苦みがやわらぎます。

材料（2人分）
ゴーヤ…1本
かつおの粉だし…大さじ1
［塩、油（米油など）］

作り方
❶ ゴーヤは縦半分に切って種と
ワタを除き、小口から薄切りにす
る。塩小さじ½をふってもみ、水
気が出るまで5〜10分おく。
❷ ①をさっと水で洗い、水気を
絞る。
❸ フライパンに油大さじ½を熱
し、②を中火で炒める。油が回
ったら、粉だし、水大さじ1を加
え、炒め合わせる。

★1人分塩分0.9g、カロリー55kcal

パプリカの炒め物

ビタミンCが豊富なパプリカ。
粉だしと塩少々だけで、
おいしくいただけます。

材料（2人分）
パプリカ（赤）…1個
かつおの粉だし…大さじ1
［油（米油など）、塩］

作り方
❶ パプリカは縦半分に切ってへた、種を除き、縦5mm幅に切る。
❷ フライパンに油大さじ½を熱し、パプリカを中火で炒める。油が回ったら、粉だし、水大さじ1、塩少々を加え、炒め合わせる。
★1人分塩分0.3g、カロリー58kcal

ズッキーニの炒め物

ズッキーニの
ほんのりした苦みを、
昆布の粉だしが引き立てます。

材料（2人分）
ズッキーニ…1本
にんにく…1かけ
昆布の粉だし…大さじ1
［オリーブ油、塩］

作り方
❶ ズッキーニは7〜8mm厚さの輪切りにする。にんにくは皮をむき、たたいてつぶす。
❷ フライパンにオリーブ油大さじ1、にんにくを入れて弱火にかけ、香りが立ったら、ズッキーニを加えて中火で炒める。油が回ったら、粉だし、水大さじ1、塩少々を加え、炒め合わせる。
★1人分塩分0.5g、カロリー80kcal

にんじんの炒め物

にんじんの甘みに、
香ばしい桜えびの
粉だしのうまみがよく合います。

材料(2人分)
にんじん…1本
桜えびの粉だし…大さじ1
[ごま油、塩]

作り方
❶ にんじんは皮をむき、長さを3等分に切り、細切りにする。
❷ フライパンにごま油大さじ½を熱し、にんじんを中火で炒める。しんなりしたら、粉だし、水大さじ1、塩少々を加え、炒め合わせる。

★1人分塩分0.5g、カロリー74kcal

じゃがいもの炒め物

じゃがいもは細切りで、
生から炒めて
シャキシャキに仕上げて。

材料(2人分)
じゃがいも…2個(200g)
煮干しの粉だし…大さじ1
[油(米油など)、しょうゆ]

作り方
❶ じゃがいもは皮をむき、7〜8mm角の棒状に切り、水でさっと洗う。
❷ フライパンに油大さじ½を熱し、じゃがいもを中火で炒める。透き通ってきたら、粉だし、水大さじ1、しょうゆ小さじ½を加え、炒め合わせる。

★1人分塩分0.4g、カロリー100kcal

れんこんの炒め物

れんこんは
焼き目がつくよう炒め、
焦げと粉だしが味のアクセント。

材料（2人分）
れんこん…1節（200 g）
桜えびの粉だし…大さじ1
［ごま油、塩］

作り方
❶ れんこんは皮をむき、5mm厚さの半月切りまたは、いちょう切りにする。
❷ フライパンにごま油大さじ½を熱し、れんこんを中火で炒める。薄く焼き色がついたら、<u>粉だし、水大さじ1</u>、<u>塩少々</u>を加え、炒め合わせる。

★1人分塩分0.5 g、カロリー105kcal

ごぼうの炒め物

粉だしと
塩少々だけで味つけする、
シンプルなごぼうのきんぴら風。

材料（2人分）
ごぼう…1本（200 g）
昆布の粉だし…大さじ1
［オリーブ油、おろしにんにく、塩］

作り方
❶ ごぼうはよく洗い、包丁の背で表面を軽くこそぐ。斜め5mm幅に切ってから、細切りにする。
❷ フライパンにオリーブ油大さじ½を熱し、ごぼうを中火で炒める。しんなりしたら、<u>おろしにんにく小さじ½</u>、<u>粉だし</u>、<u>水大さじ1</u>、塩少々を加え、手早く炒め合わせる。

★1人分塩分0.6 g、カロリー98kcal

ごはん

ザーサイと豆腐のサラダ

作り方 18・19 ページ

チンゲン菜ときくらげのスープ

かにかま玉

17

かにかま玉

卵には味つけなし。
たれに粉だし、しょうゆが少量入
るだけの、減塩中華です。

材料（2人分）
かに風味かまぼこ…4本
長ねぎ…⅓本
卵…4個
貝柱の粉だし…大さじ1
［油（米油など）、しょうゆ、酢、砂糖、
片栗粉］

作り方
❶ かに風味かまぼこは、粗くほぐ
す。長ねぎは粗みじん切りにする。
❷ ボウルに卵を割りほぐし、か
に風味かまぼこ、長ねぎを入れて
混ぜる。
❸ フライパン（直径20cmほど）に
油大さじ2を熱し、②を入れ、
中火で、木べらなどで大きく混ぜ
ながら加熱する。半熟状になった
ら、裏返す。
❹ 裏面は弱めの中火で2分ほど
火を通す。皿に盛る。
❺ ④の空いたフライパンに、水
200㎖、粉だし、しょうゆ小さじ1、
酢、砂糖各大さじ½、片栗粉大さ
じ1を入れ、混ぜてから中火にか
ける。常に混ぜながら加熱し、と
ろみがしっかりついたら④にか
ける。

★1人分塩分1.7g、カロリー327kcal

ザーサイと豆腐のサラダ

味つけはザーサイと
粉だしのみで、
充分おいしい一品。

材料（2人分）
木綿豆腐…½丁
味つけザーサイ（市販）…20g
ミニトマト…10個
桜えびの粉だし…小さじ1
香菜…10g
［ごま油］

作り方
❶ 木綿豆腐はキッチンペーパーに包んで30分ほどおき、水きりする。ザーサイはみじん切りにする。ミニトマトは半分に切ってから2〜4等分に切る。
❷ ボウルに豆腐を入れ、スプーンなどで崩す。トマト、ザーサイ、粉だし、ごま油小さじ1を入れて混ぜ、刻んだ香菜の茎も加える。
❸ 器に盛り、香菜の葉をのせる。
★1人分塩分1.4g、カロリー69kcal

チンゲン菜ときくらげのスープ

塩は最後に。
味をみてから加えることで、
減塩習慣が身につきます。

材料（2人分）
きくらげ（乾燥）…10g
チンゲン菜…1株
煮干しの粉だし…大さじ1
［塩］

作り方
❶ きくらげは洗ってから、ぬるま湯に20分ほどつけてもどし、細切りにする。チンゲン菜は3cm長さに切ってから1cm幅に切る。
❷ 鍋に水400㎖、粉だし、①のきくらげを入れて中火にかける。煮立ったらチンゲン菜を加え、2〜3分煮る。塩少々で味を調える。
★1人分塩分0.5g、カロリー28kcal

汁物

鍋に水と粉だしを入れて沸かすだけで
極上だしができ上がり。もうだしをとらなくていいし、
市販のだしやめんつゆも不要です。

豆腐となめこのみそ汁

粉だしを使えば、みそ汁は
通常の約50％の塩分カットで
満足感はそのまま。

材料（2人分）
絹ごし豆腐…⅓丁
なめこ…1袋（100g）
かつおの粉だし…大さじ1と½
三つ葉…少々
［みそ］

作り方
❶ 絹ごし豆腐は2cm角ほどに切る。
❷ 鍋に水400ml、粉だし、豆腐を
入れて火にかける。煮立ったら、
なめこを加え、みそ大さじ1を溶
き入れ、再び煮立つ直前に火を止
める。
❸ 器に盛り、三つ葉をのせる。
＊1人分塩分1.2g、カロリー77kcal

けんちん汁

粉だしでうまみを補えば、
塩分は半分以下でおいしい!
好みで七味をふっても。

材料（2人分）

木綿豆腐…½丁
大根…3cm
にんじん…¼本
ごぼう…¼本
こんにゃく…50g
里いも…1個
かつおの粉だし…大さじ1と½
[ごま油、しょうゆ、みりん]

作り方

❶ 豆腐はキッチンペーパーに包んで水きりする。大根、にんじんは皮をむいて、薄い半月またはいちょう切りにする。ごぼうは表面をよく洗い、斜め薄切りにする。こんにゃくは一口大にちぎり、熱湯でさっとゆでる。里いもは皮をむき、半分に切ってから1cm厚さに切る。

❷ 鍋にごま油大さじ1を熱し、豆腐を中火で炒める。焼き色がついてきたら、大根、にんじん、ごぼう、こんにゃく、里いもの順に入れ、その都度炒める。

❸ 油が回ったら、水600mℓ、粉だしを入れる。煮立ったらアクを除き、15分煮る。

❹ しょうゆ小さじ2、みりん小さじ1を加え、味を調える。

★1人分塩分1.0g、カロリー180kcal

サンラータン

中華料理には貝柱の粉だし。
通常の塩分 50%カットでスープも安心して飲めます

材料(2人分)
生しいたけ…4枚
絹ごし豆腐…⅓丁
卵…1個
貝柱の粉だし…大さじ1と½
香菜…少々
[片栗粉、酢、しょうゆ、ラー油、
こしょう]

作り方
❶ しいたけは軸を除き、薄切り
にする。絹ごし豆腐は3cm長さ、
7〜8mm角の棒状に切る。卵は溶
きほぐす。片栗粉大さじ1と½と
水大さじ3を混ぜて水溶き片栗粉
を作っておく。
❷ 鍋に水400ml、粉だし、しいた
けを入れて火にかける。煮立った

ら、酢大さじ2、しょうゆ小さじ
2、豆腐を入れて煮る。
❸ 再び煮立ったら水溶き片栗粉
を加え、よく混ぜてとろみをつけ
る。溶き卵を回し入れ、ラー油小
さじ1、こしょう少々をふる。
❹ 器に盛り、好みで香菜をのせる。
★1人分塩分1.2g、カロリー151kcal

魚のつみれ汁

つみれはみそで下味をつけ、
汁は粉だしと少量のしょうゆで
低塩仕立てに。

材料（2人分）
ぶり切り身…2切れ
大根…3cm
しめじ…½袋
長ねぎ…4cm
昆布の粉だし…大さじ1
[酒、おろししょうが、みそ、
小麦粉、しょうゆ]

作り方
❶ 大根は皮をむいて短冊に切る。しめじは石づきを除き、小房に分ける。長ねぎは縦半分に切り、外側は細切りに、芯はみじん切りにする。

❷ ぶりは皮、骨を除き、すり鉢またはフードプロセッサーですり身にする。酒、おろししょうが各小さじ1、みそ小さじ½、小麦粉大さじ1を加えて混ぜる。

❸ 鍋に水500ml、粉だし、大根を入れて火にかける。煮立ったら、②のすり身を、スプーンですくって一口大にして落とし入れる。

❹ 再び煮立ったらアクを除き、3分ほど煮る。ねぎのみじん切り、しめじを加え、さらに1分煮る。

❺ ④に酒大さじ1、しょうゆ小さじ1を加えて味つけする。器に盛り、ねぎの細切りをのせる。

★1人分塩分1.0g、カロリー242kcal

ベジタブルチャウダー

乳製品には意外にも桜えびの粉だしが合い、
コクが増します。
具は野菜のみですが満足感のある1品に。

材料（2人分）
玉ねぎ…¼個
にんじん…¼本
かぶ（茎つきのもの）…2個
桜えびの粉だし…大さじ1と½
牛乳…200㎖
［バター、小麦粉、塩、こしょう］

作り方
❶ 玉ねぎは1㎝角に切る。にんじんは皮をむいて1㎝角に切る。かぶは1.5㎝角に切る。かぶの茎はゆでて1㎝幅に切る。
❷ 鍋にバター20gを溶かし、玉ねぎ、にんじん、かぶを中火で炒める。油が回ったら、小麦粉大さじ2をふり入れ、弱火で炒める。
❸ 粉っぽさがなくなったら、水300㎖、粉だしを入れて混ぜる。

❹ ときどき混ぜながら15分ほど煮て、しっかりととろみがついたら、牛乳を加えて混ぜる。
❺ ひと煮立ちしたら、塩、こしょう各少々で味を調える。器に盛り、かぶの茎をのせる。
★1人分塩分0.7g、カロリー150kcal

豆と野菜のミネストローネ

トマト味には、昆布粉だしの
昆布・干ししいたけが合い、うまみが深まります。

材料（2人分）

玉ねぎ…¼個
セロリ…½本
にんじん…⅓本
白いんげん豆水煮（缶詰めなど）…
　　150 g
トマト水煮（缶詰めなど）…400 g
昆布の粉だし…大さじ1と½
［オリーブ油、白ワイン、塩、
こしょう］

作り方

❶ 玉ねぎ、セロリはそれぞれ1
cm角に切る。にんじんは皮をむい
て1cm角に切る。いんげん豆水煮
は水気をきる。トマトの水煮は細
かくつぶす。

❷ 鍋にオリーブ油大さじ1を熱
し、玉ねぎ、セロリ、にんじんを
入れ、中火で炒める。油が回った
ら、白ワイン大さじ2、トマト水

煮、いんげん豆水煮、粉だしを入
れて煮る。

❸ 煮立ったらアクを除き、30分
ほど弱火で煮る。塩、こしょう各
少々で味を調える。好みで粗びき
黒こしょうをふっても。

★1人分塩分0.7ｇ、カロリー239kcal

干しだらのスープ

韓国料理で使われる干しだらを使います。
干しだらは韓国食材店や通販で購入可能。

材料（2人分）
干しだら（食塩不使用）…30g
大根…3cm
木綿豆腐…⅓丁
卵…1個
わけぎ…2本
煮干しの粉だし…大さじ2
[塩、ごま油、おろしにんにく、
ナンプラー]

作り方
❶ 干しだらは水にさっとくぐら
せ、はさみで3cm長さに切る。大
根は皮をむいて拍子木切りにす
る。木綿豆腐は大根と同じ大きさ
に切る。わけぎは小口切りにする。
❷ 鍋に①のたら、塩少々、ごま
油小さじ2、おろしにんにく小さ
じ1を入れて混ぜる。中火にかけ、

大根を入れて炒める。
❸ 油が回ったら、粉だし、水600
mlを入れ、5〜6分煮る。豆腐を
加え、煮立ったら、卵を溶いて回
し入れる。
❹ ナンプラー小さじ½で味つけ
し、器に盛り、わけぎをのせる。
＊1人分塩分1.3g、カロリー188kcal

韓国風茶碗蒸し

混ぜながら加熱し、ぶくぶくとすが入ってもいいです。
和風の茶碗蒸しより簡単。

材料(2人分)
卵…3個
かに風味かまぼこ…2本
万能ねぎ…1本
桜えびの粉だし…大さじ1
[塩、ごま油]

作り方
❶ かに風味かまぼこは4等分に切ってほぐす。
❷ 小さな土鍋に卵を割り入れ、溶きほぐす。水150㎖、粉だし、塩少々、かに風味かまぼこを加えてよく混ぜる。
❸ ②を中火にかけ、よく混ぜながら加熱する。ヨーグルト状になったら蓋をかぶせて弱火にし、蒸気が出てきたら火を止める。
❹ そのまま1分蒸らす。蓋を取り、万能ねぎの小口切りをのせ、ごま油少々をふる。

★1人分塩分1.2ｇ、カロリー106kcal

ガスパチョ

トマトをすりおろして作ります。
粉だしのうまみ、ビネガーの酸味、
オイルのコクが味の決め手。

材料(2人分)
トマト…3個
セロリ…5cm
玉ねぎすりおろし…小さじ1
桜えびの粉だし…小さじ2
[白ワインビネガー、塩、オリーブ油]

作り方
❶ トマトはおろし器ですりおろ
す。セロリはみじん切りにする。
❷ ボウルに玉ねぎのすりおろし、
白ワインビネガー小さじ1を入れ
てよく混ぜ、5分おく。
❸ ②に、①の野菜、粉だし、塩
少々、オリーブ油小さじ1を入れ、
よく混ぜる。
★1人分塩分0.4g、カロリー75kcal

にんじんのすり流し

にんじんの甘みと
昆布の粉だしだけ。
無塩の和風スープです。
仕上げにピリッと唐辛子。

材料（2人分）
にんじん…1本
昆布の粉だし…小さじ2
[一味唐辛子]

作り方
❶ にんじんは1.5cm厚さの半月切りにする。
❷ 鍋ににんじん、粉だし、水300mℓを入れ、蓋をして火にかける。煮立ったら弱めの中火で15分煮る。火を止め、粗熱を取る。
❸ ②をミキサーに移し、攪拌してなめらかな状態にする。
❹ 鍋に戻し、好みの濃度に水を加え、温める。器に盛り、一味唐辛子をふる。
★1人分塩分0.2g、カロリー38kcal

材料（2人分）
大根…5cm
玉ねぎ…¼個
貝柱の粉だし…大さじ1
牛乳…100mℓ
[バター、塩、こしょう]

作り方
❶ 大根は皮つきのままいちょう切りにする。玉ねぎは横に1cm幅に切る。
❷ 鍋にバター10gを溶かし、大根、玉ねぎを中火で油が回る程度に炒める。
❸ 水200mℓ、粉だしを加え、15分ほど煮る。火を止めて粗熱を取る。
❹ ③をミキサーに移し、攪拌してなめらかな状態にする。
❺ 鍋に戻し、牛乳を加えて温める。塩、こしょうで味を調える。あれば、ゆでて刻んだ大根の茎をのせる。
★1人分塩分0.6g、カロリー71kcal

大根のポタージュ

大根、牛乳、貝柱の粉だしの
組み合わせで、
中華風のクリームスープに。

トマトのだしマリネ

きゅうりのヨーグルトマリネ

ブロッコリーの和風パスタ

ブロッコリーの和風パスタ

ソースに塩は入れません。
粉だしを使えば、パスタのゆで汁に
加えた塩分だけで充分おいしい。

材料（2人分）
ブロッコリー…1個
スパゲッティ（1.6mm）…120g
煮干しの粉だし…大さじ2
長ねぎ…½本
[塩、オリーブ油、こしょう]

作り方
❶ ブロッコリーは、茎は1cm厚さに切り、房部分は小房に分ける。長ねぎはみじん切りにする。
❷ 鍋に約1.2ℓの湯を沸かし、塩小さじ2を加え、スパゲッティを表示時間より1分短くゆでる。ゆで上がり5分前にブロッコリーを加えて一緒にゆでる。
❸ フライパンにオリーブ油大さじ1を熱し、ねぎを弱火で炒め、香りが出たら、粉だし、②のゆで汁100㎖を加える。
❹ ②がゆで上がったら水気をきって③に加えて混ぜる。味をみて、塩、こしょう各少々で味を調える。

★1人分塩分2.4g、カロリー252kcal

きゅうりのヨーグルトマリネ

水っぽくならないよう、
プレーンヨーグルトはしっかり
水きりするのがコツ。

材料（2人分）
きゅうり…2本
プレーンヨーグルト…200g
おろしにんにく…小さじ½
[白ワインビネガー、塩]

作り方
❶ ボウルの上にざるをのせ、厚手のキッチンペーパーを敷き、ヨーグルトをのせて、1時間ほどおいて（ヨーグルトの容量が半分になるまで）水きりする。
❷ きゅうりは1cm厚さの輪切りにする。
❸ ボウルに①のヨーグルト、白ワインビネガー小さじ1、おろしにんにく、塩小さじ¼を混ぜ、きゅうりを加えてあえる。

★1人分塩分0.9g、カロリー73kcal

トマトのだしマリネ

皮をむいたトマトをだし＋しょうゆに
漬けるだけ。できれば一晩
冷蔵庫で漬けるとさらにおいしい。

材料（2人分）
トマト…3個
かつおの粉だし…大さじ2
[しょうゆ]

作り方
❶ トマトは火であぶり、皮がはじけたら、水にとって皮をむく。十字に切り込みを入れる。
❷ ボウルまたは鍋に熱湯200㎖を注ぎ、粉だし、しょうゆ小さじ½を加えて混ぜる。トマトを入れ、汁をかけて浸す（ラップを汁とトマトに直接触れるようのせて、30分以上おく）。
❸ 器に盛る。

★1人分塩分0.4g、カロリー76kcal

煮物

だしいらず。
水、粉だし、少量の調味料で煮るだけ。
しょっぱくならないので、野菜がたくさん食べられます。

かぼちゃの煮物

砂糖は使わず、
粉だしと塩少々で味つけ。
かぼちゃの持つ甘みを引き出します。

材料（2人分）
かぼちゃ…200 g
かつおの粉だし…大さじ2
[塩]

作り方
❶ かぼちゃは種とワタを除き、
3〜4㎝長さ、2㎝幅に切り、さ
っと洗う。
❷ 鍋にかぼちゃ、粉だし、塩少々、
水100㎖を入れ、火にかける。煮
立ったら弱火にし、蓋をして10分
ほど煮る。
★1人分塩分0.4 g、カロリー107kcal

さつまいもの煮物

砂糖不使用の煮物。
さつまいもの甘みと粉だし、
隠し味にしょうゆ少々。

材料（2人分）
さつまいも…1本（200g）
昆布の粉だし…大さじ2
［しょうゆ］

作り方
❶ さつまいもは皮つきのまま、
1.5cm厚さの輪切りにし、水に5
分ほどさらす。
❷ 鍋にさつまいも、粉だし、水
100mℓ、しょうゆ小さじ½を入れ、
火にかける。煮立ったら弱火にし、
蓋をして15分ほど煮る。
★1人分塩分0.8g、カロリー148kcal

里いもの煮物

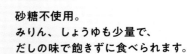

砂糖不使用。
みりん、しょうゆも少量で、
だしの味で飽きずに食べられます。

材料（2人分）
里いも…3個（200g）
かつおの粉だし…大さじ2
［しょうゆ、みりん］

作り方
❶ 里いもは皮をむき、大きいも
のは半分に切る。熱湯でさっとゆ
で、水で洗ってぬめりを除く。
❷ 鍋に里いも、粉だし、水200mℓ、
しょうゆ、みりん各小さじ1を入
れ、火にかける。煮立ったら弱火
にし、蓋をして15分ほど煮る。
★1人分塩分0.6g、カロリー92kcal

なすの煮物

煮干しの粉だしを使い、
じっくり煮ます。
赤唐辛子で少しだけピリ辛に。

材料(2人分)
なす…3本(200g)
煮干しの粉だし…大さじ2
赤唐辛子…1本
[油(米油など)、しょうゆ、砂糖、酒]

作り方
❶ なすはへたを除き、縦半分に
切り、皮に5mm幅に斜めに切り目
を入れる。
❷ 鍋に油大さじ1を熱し、なす
を入れて混ぜる。油が回ったら、
赤唐辛子、粉だし、水100mℓ、し
ょうゆ大さじ½、砂糖小さじ1、
酒大さじ½を入れ、火にかける。
煮立ったら中火にし、蓋をして15
分ほど煮る。
＊1人分塩分1.2g、カロリー112kcal

白菜の煮物

貝柱の粉だしを使うだけで
中華風に仕上がります。

材料(2人分)
白菜…½個(200g)
貝柱の粉だし…大さじ2
[塩、酒]

作り方
❶ 白菜は5cm長さ、2cm幅に切る。
❷ 鍋に白菜、粉だし、水100mℓ、
塩少々、酒大さじ1を入れ、火に
かける。煮立ったら弱めの中火に
し、蓋をして15分ほど煮る。
＊1人分塩分0.7g、カロリー43kcal

いんげんと豆腐の煮物

豆腐は粉だしでじっくり煮て、中まで味をしみ込ませます。
みそは風味づけ程度に。

材料（2人分）
さやいんげん…15本（120g）
木綿豆腐…1丁（300g）
昆布の粉だし…大さじ2
［酒、みそ］

作り方
❶ いんげんは長さを2〜3等分
に切る。木綿豆腐は6等分に切る。
❷ 鍋に粉だし、水200㎖、酒大さ
じ2、豆腐を入れて火にかける。
煮立ったら弱めの中火にし、いん
げんを入れ、蓋をして5〜6分煮る。
❸ みそ大さじ1を溶き入れ、蓋
を取って弱火で2〜3分煮る。
＊1人分塩分1.4g、カロリー165kcal

冬瓜と大豆の煮物

くせのない冬瓜には、香ばしい桜えびの粉だしがよく合います。
大豆でたんぱく質をプラス。

材料（2人分）
冬瓜…200ｇ
ゆで大豆（水煮缶など）…150ｇ
桜えびの粉だし…大さじ2
［片栗粉、塩、しょうゆ］

作り方
❶ 冬瓜は皮をむいて2cm角に切る。片栗粉大さじ½、水大さじ1を混ぜて水溶き片栗粉を作る。
❷ 鍋に粉だし、水200㎖、冬瓜、ゆで大豆を入れ、火にかける。煮立ったら中火にし、10分煮る。塩小さじ⅓、しょうゆ小さじ1を加え、さらに5分煮る。

❸ 水溶き片栗粉を回し入れ、全体に混ぜてとろみをつける。
★1人分塩分1.9ｇ、カロリー143kcal

れんこんと高野豆腐の煮物

高野豆腐は、粉だしとの相性がいいおすすめ食材。
れんこんの食感とのコントラストも楽しい。

材料（2人分）
れんこん…1節
高野豆腐…2枚
煮干しの粉だし…大さじ2
[薄口しょうゆ、みりん]

作り方
❶ れんこんは皮をむいて、1cm
幅の半月切りにする。高野豆腐は
パッケージの表示に従ってもど
し、4等分に切る。
❷ 鍋に粉だし、水300㎖、薄口しょ
うゆ、みりん各小さじ2を入れ
て火にかける。煮立ったら高野豆
腐、れんこんを入れ、落とし蓋を
して、弱火で20分煮る。
*1人分塩分1.7ｇ、カロリー204kcal

こんにゃくと厚揚げの煮物

厚揚げ、こんにゃくともに下ゆでしてから煮ると、だしをよく吸います。
仕上げは塩分量の少ない白みそで仕上げています。

材料（2人分）
こんにゃく…½枚（150ｇ）
厚揚げ…1枚（200ｇ）
貝柱の粉だし…大さじ2
万能ねぎ…2本
［白みそ］

作り方
❶ こんにゃくは一口大にちぎる。万能ねぎは斜め薄切りにし、水にさらし、水気をきる。

❷ 鍋に湯を沸かし、厚揚げをさっとゆでて取り出し、一口大に切る。同じ湯でこんにゃくをゆで、ざるに上げる。

❸ 鍋に粉だし、水200㎖、②の厚揚げとこんにゃくを入れ、中火にかけ、5分ほど煮る。

❹ 白みそ大さじ1と½を溶き入れ、約15分弱火で、汁がとろりとするまで煮る。器に盛り、万能ねぎをのせる。

★1人分塩分1.2ｇ、カロリー198kcal

かぶと高野豆腐のそぼろあん

そぼろはひき肉ではなく、高野豆腐を細かくつぶしたもの。
胃腸にやさしい食材と味つけです。

材料(2人分)
かぶ…3個
かぶの茎…50g
高野豆腐…1枚
かつおの粉だし…大さじ2
[片栗粉、塩、みりん、しょうゆ]

作り方

❶ かぶは皮をむいて半分に切る。かぶの茎はゆでてから食べやすく切る。

❷ 高野豆腐は熱湯をかけてもどし、細かくつぶす。片栗粉大さじ½、水大さじ1を混ぜて水溶き片栗粉を作る。

❸ 鍋に粉だし、水300mℓ、かぶ、高野豆腐を入れて火にかける。煮立ったら弱めの中火で蓋をして5分煮る。塩小さじ¼、みりん大さじ½、しょうゆ小さじ1を加え、さらに10分煮る。

❹ 水溶き片栗粉を加え、よく混ぜてとろみをつける。器に盛り、かぶの茎をのせる。

*1人分塩分1.4g、カロリー107kcal

じゃがいもと油揚げの煮物

粉だしでじゃがいもがやわらかくなるまで煮た後、
塩麴で調味。汁をしっかり煮含めます。

材料(2人分)
じゃがいも…2個
油揚げ…1枚
桜えびの粉だし…大さじ2
[塩麴]

作り方
❶ じゃがいもは皮をむいて四つ
に切り、さっと洗う。油揚げは熱
湯でさっとゆでて油抜きをし、縦
半分に切ってから横4等分に切る。
❷ 鍋に<u>粉だし</u>、<u>水300㎖</u>、①の
油揚げとじゃがいもを入れ、火に
かける。煮立ったら蓋をして弱め
の中火で5分ほど煮る。
❸ <u>塩麴小さじ2</u>を加え、蓋をして
煮汁がほとんどなくなるまで煮る。
★1人分塩分0.9ｇ、カロリー176kcal

鶏肉とじゃがいもの韓国風煮物

韓国料理には、昆布の粉だしや煮干しの粉だしがよく合います。
コチュジャンとの相性も抜群。

材料（2人分）

鶏手羽元…6本
じゃがいも…2個
にんじん…½本
昆布の粉だし…大さじ2
青唐辛子（あれば）…1本
[おろしにんにく、コチュジャン、
しょうゆ、砂糖、ごま油、酒]

作り方

❶ 鶏手羽元は、骨と肉の間に切り込みを入れ、ボウルに入れる。おろしにんにく大さじ½、コチュジャン小さじ2、しょうゆ、砂糖各大さじ½を加え、よく混ぜて肉にからめ、10分おく。

❷ じゃがいもは皮をむいて四つに切り、さっと洗う。にんじんは皮をむいて縦4等分に切る。

❸ フライパンにごま油大さじ½を熱し、❶の鶏肉の汁を軽くきって入れる（ボウルに残った漬け汁は捨てない）。中火で焼き、焼き色がついたら、じゃがいも、にんじんを加えて炒める。

❹ 野菜に油が回ったら、粉だし、水200㎖、酒大さじ1を加えて5分煮る。残った漬け汁も加え、蓋をして、弱めの中火で煮汁がほとんどなくなるまで煮る。

❺ 器に盛り、刻んだ青唐辛子を散らす。

★1人分塩分2.1ｇ、カロリー405kcal

さわらの
ヨーグルトマスタード焼き

小松菜のみそあえ

のっぺ汁

ごはん

42

さわらの
ヨーグルトマスタード焼き

ヨーグルトに漬けてから焼くと、
魚の臭みが消え、身もしっとり
やわらかく焼き上がります。
ほかに鮭、さばなどでも。

材料（2人分）
さわら切り身…2切れ
プレーンヨーグルト…大さじ2
ミニトマト…4個
［塩、粒マスタード］

作り方
❶ ポリ袋にヨーグルト、塩小さじ
⅓、粒マスタード小さじ1を入れ、
袋ごともみ混ぜる。さわらを入れ、
袋ごと軽くもんで、調味料をから
める。空気を抜きながら口を閉じ、
冷蔵庫で一晩以上おく。
❷ 取り出したら汁気をきり、魚
焼きグリル、オーブンまたはフラ
イパンなどで、魚に火が通るまで
焼く。器にのせ、ミニトマトを添
える。
★1人分塩分1.3ｇ、カロリー143kcal

のっぺ汁

汁の塩分濃度は通常の50％カット。
具だくさんなので、栄養もたっぷり。

材料（2人分）
里いも…1個
にんじん…⅓本
ごぼう…¼本
生しいたけ…2枚
かつおの粉だし…大さじ2
［片栗粉、しょうゆ］

作り方
❶ 里いも、にんじんはそれぞれ
皮をむいて1㎝厚さの輪切りにす
る。ごぼうは皮を洗い、斜め1㎝
厚さに切る。しいたけは石づきを
除き、半分に切る。片栗粉大さじ
½、水大さじ1を混ぜて水溶き片
栗粉を作る。
❷ 鍋に粉だし、水400㎖、里いも、
にんじん、ごぼうを入れて中火に
かけ、煮立ったら15分煮る。しい
たけを加え、3分ほど煮る。
❸ しょうゆ小さじ2を加え、水
溶き片栗粉を回し入れ、よく混ぜ
てとろみをつける。
★1人分塩分1.0ｇ、カロリー86kcal

小松菜の
みそあえ

小松菜のほか、水菜、ほうれん草、
チンゲン菜などでもおいしい。

材料（2人分）
小松菜…200ｇ
桜えびの粉だし…大さじ1
［みそ］

作り方
❶ 鍋に湯を沸かし、小松菜を入れ
てゆでる。ざるに上げ、粗熱が取
れるまで冷ます。4㎝長さに切り、
水気を絞る。
❷ ボウルに粉だし、水大さじ1、
みそ小さじ1を混ぜ、小松菜を入
れてあえる。
★1人分塩分0.5ｇ、カロリー31kcal

あえ物・煮びたし

野菜の味を引き出し、あえ物や煮びたしの
うまみがぐんとアップ。塩分約50%
カットなので、たくさん食べられます。

きゅうりのあえ物

粉だしが野菜によくからむよう、
きゅうりの水気はよく絞ってから
あえます。

材料(2人分)
きゅうり…2本
かつおの粉だし…小さじ1
いり金ごま…大さじ½
[塩]

作り方
❶ きゅうりは小口の薄切りにし
て、塩小さじ⅓をふり、しんなり
するまでおく。
❷ ボウルに粉だし、金ごま、水
大さじ1を入れ、よく混ぜる。
①のきゅうりを水気を絞って加
え、よくあえる。

★1人分塩分0.9g、カロリー27kcal

いんげんのあえ物

煮干しの粉だしに
黒ごまの風味がよく合います。
少しおいて味がなじむと
さらにおいしい。

材料（2人分）
さやいんげん…200g
煮干しの粉だし…小さじ1
すり黒ごま…大さじ2
［しょうゆ、砂糖］

作り方
❶ 鍋に湯を沸かし、いんげんを2〜3分ゆで、ざるに上げる。粗熱が取れたら4cm長さに切り、しょうゆ小さじ½をまぶす。
❷ ボウルに粉だし、水大さじ½、すり黒ごま、砂糖、しょうゆ各小さじ1を入れ、よく混ぜる。①のいんげんの汁気をきって加え、よくあえる。

★1人分塩分0.7g、カロリー73kcal

もやしのあえ物

桜えびの粉だし＋
梅干しの塩気と酸味。
もやしのほか、ゆでキャベツにも
合います。

材料（2人分）
もやし…1袋
梅干し（調味漬け）…1個
桜えびの粉だし…小さじ1
［しょうゆ、ごま油］

作り方
❶ 梅干しは種を除き、細かく刻む。
❷ 鍋に湯を沸かし、もやしを入れて20秒ほどゆで、ざるに上げる。
❸ ボウルに①の梅干し、しょうゆ、ごま油各小さじ½、粉だし、水大さじ½を入れ、よく混ぜる。ゆでたもやしを加え、あえる。

★1人分塩分0.7g、カロリー34kcal

ほうれん草のあえ物

ゆでたほうれん草は、
だしじょうゆで洗ってからあえると
水っぽくなりません。

材料（2人分）
ほうれん草…200g
かつおの粉だし…小さじ1
［しょうゆ］

作り方
❶ 鍋に湯を沸かし、ほうれん草を1分ほどゆでる。取り出したら水につけ、4cm長さに切ってから、水気を絞る。
❷ ボウルにしょうゆ小さじ1、水大さじ4、粉だしを混ぜる。
❸ ②の⅓量を①のほうれん草にかけ、よく混ぜ、水気を絞る。
❹ 残りの②をほうれん草にかけ、あえる。

★1人分塩分0.5g、カロリー25kcal

ブロッコリーのあえ物

ブロッコリーは
ゆでて粗熱が取れたら、
粉だし、調味料とあえて。

材料（2人分）
ブロッコリー…½個
桜えびの粉だし…小さじ1
［塩、粒マスタード、しょうゆ］

作り方
❶ ブロッコリーは小房に分ける。
❷ 鍋に湯を沸かして塩少々を加え、ブロッコリーを1分〜1分30秒ゆで、ざるに上げる。
❸ ボウルに粒マスタード大さじ½、粉だし、水大さじ1、しょうゆ小さじ1を混ぜ、ブロッコリーを入れてあえる。

★1人分塩分0.9g、カロリー29kcal

わかめとしょうがの酢の物

粉だしのうまみ、
塩麹の塩気で味つけ。
わかめの色を生かしたいので、
しょうゆは入れません。

材料（2人分）
わかめ（塩蔵）…50g
しょうが…ひとかけ
かつおの粉だし…小さじ1
いり金ごま…小さじ1
［酢、塩麹、砂糖］

作り方
❶ わかめは洗い、たっぷりの水に5分ほど浸す。ざるに上げて水気をきり、3cm長さに切る。しょうがは皮をむき、細切りにする。
❷ ボウルに酢大さじ2、粉だし、塩麹小さじ1、水大さじ2、砂糖小さじ½、金ごまを混ぜ、しょうが、わかめを入れてあえる。
★1人分塩分0.7g、カロリー34kcal

カリフラワーとトマトの和風ピクルス

酸っぱすぎない、甘すぎない。
粉だしでうまみのあるピクルスに仕上げます。

材料（4人分）
カリフラワー…½個
ミニトマト…1パック
かつおの粉だし…大さじ1
［酢、砂糖、塩］

作り方
❶ カリフラワーは小房に分ける。ミニトマトはへたに十字に切り込みを入れる。
❷ ピクルス液を作る。鍋に、酢、水各100ml、砂糖大さじ3、塩大さじ½、粉だしを入れて火にかける。煮立ったら火を止め、そのまま冷ます。
❸ カリフラワーは熱湯で30秒ほどゆで、ざるに上げる。
❹ ポリ袋に②のピクルス液、③のカリフラワー、ミニトマトを入れ、空気を抜きながら口を閉じる。そのまま冷蔵庫で一晩漬ける。
★1人分塩分0.8g、カロリー45kcal

にらの煮びたし

しょうゆが少量ですむので、
減塩はもちろん、
色も美しく仕上がります。

材料（2人分）
にら…1束
貝柱の粉だし…大さじ1
［しょうゆ］

作り方
❶ にらは4cm長さに切る。
❷ 鍋に<u>粉だし</u>、<u>水200mℓ</u>、<u>しょうゆ小さじ1</u>を入れて火にかける。煮立ったら、にらを加え、ひと煮立ちしたら火を止める。
★1人分塩分0.7g、カロリー22kcal

小松菜の煮びたし

粉だしのほかは塩麹で味つけ。
うまみのある調味料の
ダブル使いでさらにおいしく。

材料（2人分）
小松菜…200g
昆布の粉だし…大さじ1
［塩麹］

作り方
❶ 小松菜は4cm長さに切る。
❷ 鍋に<u>粉だし</u>、<u>水200mℓ</u>、<u>塩麹大さじ½</u>を入れて火にかける。煮立ったら、小松菜を加え、3分煮る。
★1人分塩分0.4g、カロリー29kcal

水菜の煮びたし

粉だし＋ゆずこしょうの組み合わせ。
香りと辛みがアクセントに。

材料（2人分）
水菜…200g
煮干しの粉だし…大さじ1
［ゆずこしょう、しょうゆ、みりん］

作り方
❶ 水菜は4cm長さに切る。
❷ 鍋に粉だし、水200mℓ、ゆずこしょう、しょうゆ各小さじ½、みりん小さじ1を入れて火にかける。煮立ったら、水菜を加え、3分煮る。
★1人分塩分0.8g、カロリー38kcal

セロリ、赤唐辛子の煮びたし

レモンの酸味、
唐辛子の辛みを足して。
サラダ感覚の洋風煮びたし。

材料（2人分）
セロリ…1本
貝柱の粉だし…大さじ1
赤唐辛子…1本
レモン（輪切り）…2切れ
［塩］

作り方
❶ セロリは2cm角に切る。赤唐辛子は半分に切って種を除く。
❷ 鍋に粉だし、水100mℓ、塩小さじ⅓、赤唐辛子、レモンを入れて火にかける。煮立ったら、セロリを加え、2〜3分煮る。
★1人分塩分1.2g、カロリー21kcal

豆もやしのナムル

にんじんのナムル

大根のナムル

50

にんじんのナムル

野菜は電子レンジで加熱したあとに、
水気をしっかりきるのが
水っぽくならないコツ。

材料（2人分）
にんじん…1本（150ｇ）
煮干しの粉だし…小さじ1
[みそ、ごま油、おろしにんにく]

作り方
❶ にんじんは皮をむいて、長さを
3等分に切ってから細切りにする。
❷ ①を耐熱ボウルに入れ、ラップ
をし、電子レンジ600Ｗで2分加
熱する。取り出したら水気をきる。
❸ ボウルに粉だし、みそ小さじ
1、ごま油大さじ½、おろしにん
にく小さじ⅓を入れてすり混ぜ
る。②のにんじんを加えてあえる。
★1人分塩分0.6ｇ、カロリー61kcal

豆もやしのナムル

塩味のシンプルなナムルですが、
桜えびの粉だしで個性をプラスして。

材料（2人分）
豆もやし…1袋（200ｇ）
桜えびの粉だし…小さじ1
[塩、おろしにんにく、ごま油]

作り方
❶ 豆もやしは耐熱ボウルに入れ、
水大さじ1を加えてラップをし、
電子レンジ600Ｗで5分加熱す
る。取り出したら水気を絞る。
❷ ボウルに粉だし、塩、おろし
にんにく各小さじ⅓、ごま油大さ
じ½を入れてすり混ぜる。①の豆
もやしを加えてあえる。
★1人分塩分1.1ｇ、カロリー62kcal

大根のナムル

粉だし、水、にんにくでいることで、
大根がやわらかくなり、味がしみ込みます。

材料（2人分）
大根…4㎝（200ｇ）
貝柱の粉だし…大さじ½
[おろしにんにく、塩、ごま油、
すり白ごま]

作り方
❶ 大根は皮をむき、細切りにする。
❷ 鍋に①の大根、粉だし、水大
さじ2、おろしにんにく、塩各小
さじ⅓を入れてよく混ぜ、中火に
かけ、水気がなくなるまでいる。
❸ ボウルにごま油、すり白ごま
各大さじ½、②の大根を入れ、よ
くあえる。
★1人分塩分1.2ｇ、カロリー58kcal

ほうれん草のナムル

豚キムチ炒め

ごはん

わかめスープ

ほうれん草の
ナムル

ほうれん草はアクがあるので、
ゆでて、アクをゆでこぼしてから、
あえます。

材料(2人分)
ほうれん草…200g
桜えびの粉だし…小さじ1
いり金ごま…小さじ2
[しょうゆ、おろしにんにく、
ごま油]

作り方
❶ 鍋に湯を沸かし、ほうれん草
をゆでて水にとり、ざるに上げ、
4cm長さに切り、水気を絞る。
❷ ボウルに粉だし、しょうゆ小
さじ1、おろしにんにく小さじ
⅓、ごま油大さじ½、金ごまを入
れてよく混ぜる。ほうれん草を加
えてあえる。

★1人分塩分0.6g、カロリー35kcal

豚キムチ炒め

キムチのうまみ×粉だしの
うまみの相乗効果。
ごはんが進むおかずです。

材料(2人分)
豚肩ロース薄切り肉…150g
白菜キムチ…100g
万能ねぎ…10本
貝柱の粉だし…大さじ1
[油(米油など)、しょうゆ、酒]

作り方
❶ 豚肉は4〜5cm長さに切る。
キムチは2〜3cm長さに切る。万
能ねぎは4〜5cm長さに切る。
❷ フライパンに油大さじ½を熱
し、肉を入れて中火で炒める。肉
の色が変わったら、キムチを入れ、
しっかりなじむまで炒める。
❸ 万能ねぎ、粉だし、しょうゆ
小さじ1、酒大さじ1を入れ、炒
め合わせる。

★1人分塩分2.1g、カロリー245kcal

わかめスープ

わかめは炒め、粉だしのスープで
じっくり煮ると、
とろとろにやわらかくなります。

材料(2人分)
わかめ(塩蔵)…50g
煮干しの粉だし…大さじ2
万能ねぎ…2本
[ナンプラー、ごま油、
おろしにんにく]

作り方
❶ わかめは洗い、5分ほど水に
浸す。水気をしっかり絞り、1cm
幅に切る。万能ねぎは小口切りに
する。
❷ 鍋にわかめ、粉だし、ナンプ
ラー小さじ1、ごま油大さじ1、
おろしにんにく小さじ1を入れて
混ぜ、中火で炒める。香りが立っ
たら、水600mℓを注ぎ、煮立った
ら蓋をして弱火で15〜20分煮る。
❸ 器に盛り、万能ねぎ、好みで
粗びき黒こしょう少々をふる。

★1人分塩分1.5g、カロリー90kcal

鍋物

粉だしがあれば、鍋の味つけもラクラク。
汁も塩分控えめにできるので、
残さず食べられます。

きのこと山いもの鍋

きのこと鶏肉は、まず香ばしく焼いてから、
うまみを引き出します。
さらに粉だしでうまみが倍増。

作り方

❶ しめじとまいたけは、小房に
分ける。鶏もも肉は一口大に切る。
大和いもはよく洗い、皮ごとすり
おろす。

❷ フライパンに油小さじ1を熱
し、鶏肉の皮を下にして入れ、中
火で焼く。焼き目がついたらひっ
くり返し、裏側も焼き、取り出す。

❸ ②のフライパンにきのこ類を
入れ、中火で香りが立つまで炒める。

❹ 鍋に粉だし、水800㎖、しょう
ゆ大さじ2、酒大さじ2、みりん
大さじ1、②の鶏肉を入れて火
にかける。煮立ったらアクを除き、
5分ほど弱火で煮る。

❺ ④に③のきのこを加え、中火
で煮る。煮立ったら、①の大和
いもを一口大にスプーンですくっ
て落とし入れる。軽く煮る。

★1人分塩分2g、カロリー300kcal

材料（3人分）
しめじ…1パック
まいたけ…1パック
鶏もも肉…1枚
大和いも…150g
かつおの粉だし…大さじ2
［油（米油など）、しょうゆ、酒、みりん］

肉団子と白菜の鍋

汁は貝柱の粉だし＋オイスターソースで、
中華風の味つけに。白菜がとろっとするまで
じっくり煮込みます。

材料（3人分）
豚ひき肉…300 g
しょうが…ひとかけ
長ねぎ…½本
白菜…¼個（600 g）
貝柱の粉だし…大さじ3
［塩、酒、砂糖、油（米油など）、
しょうゆ、オイスターソース］

作り方
❶ しょうが、長ねぎは、それぞ
れみじん切りにする。白菜は4 cm
ほどの角切りにする。

❷ ひき肉にしょうが、長ねぎ、
塩小さじ¼、酒小さじ2、砂糖小
さじ1を順に入れ、その都度しっ
かり練り混ぜる。6等分にし、団
子状に丸める。

❸ フライパンに油を深さ1 cmほ
ど入れて熱し、②の肉団子を入
れ、こんがり色づくまで揚げ焼き
にする。

❹ 鍋に粉だし、水600mℓ、しょう
ゆ大さじ1、オイスターソース大
さじ1、③の肉団子、白菜を入
れて火にかける。煮立ったら弱火
にして30分ほど煮る。

★1人分塩分2.5 g、カロリー278kcal

トマト鍋

汁はトマトピューレ＋桜えびの粉だし。具はマッシュルーム、ソーセージやチーズを使う洋風鍋です。

材料（3人分）
キャベツ…300g
玉ねぎ…½個
マッシュルーム…1パック
クレソン…1束
ウインナーソーセージ…8本
モッツァレラチーズ…1個（100g）
トマトピューレ…150g
桜えびの粉だし…大さじ3
［オリーブ油、おろしにんにく、白ワイン、塩、オレガノ］

作り方

❶ キャベツは3cmほどの角切りにする。玉ねぎはみじん切りにする。マッシュルームは裏面に十字に切り込みを入れる。クレソンは長さを半分に切る。

❷ 鍋にオリーブ油小さじ1をひき、おろしにんにく小さじ1、玉ねぎを入れて中火にかけ、炒める。香りが立ったら、トマトピューレ、粉だし、水600㎖、白ワイン大さじ3、塩小さじ½、オレガノ少々を入れる。

❸ 煮立ったらマッシュルーム、キャベツ、ウインナーソーセージを入れ、ひと煮立ちしたら、クレソン、モッツァレラチーズを大きめにちぎって入れる。煮ながら食べる。

★1人分塩分2.1g、カロリー306kcal

カレー鍋

かつおの粉だしを使うので、
和風カレー風です。
具材はお好みですが、
揚げなすはコクが出ておすすめ。

材料（3人分）
牛切り落とし肉…200g
パプリカ…1個
かぼちゃ…⅛個
ブロッコリー…½個
トマト…2個
なす…2本
セロリ…⅓本
かつおの粉だし…大さじ3
[油（米油など）、おろしにんにく、
おろししょうが、カレー粉、白ワイン、
しょうゆ、みりん、塩]

作り方

❶ パプリカは半分に切って、へ
たや種を除き、3cm角に切る。か
ぼちゃは種とワタを除き、3cm長
さ、1.5cm幅に切る。ブロッコリ
ーは小房に分ける。トマトは6等
分のくし形に切る。なすは縦半分
に切ってから皮に5mm幅に切り込
みを入れ、長さを半分に切る。セ
ロリはすりおろす。

❷ フライパンに、油を深さ1cm
ほど入れて熱し、なすを薄く色づ
くまで揚げる。

❸ 鍋に油大さじ1、おろしにん
にく小さじ1、おろししょうが大
さじ1、カレー粉大さじ3、セロ
リのすりおろしを入れて弱火で炒
める。香りが立ったら、粉だし、
水600mℓ、白ワイン大さじ3、し
ょうゆ、みりん各大さじ1、塩小
さじ⅓、かぼちゃを入れて中火で
煮る。

❹ 煮立ったら、2～3分煮る。牛
肉、パプリカ、トマト、❷のなす、
ブロッコリーを入れ、煮ながら食
べる。

★1人分塩分2.1g、カロリー433kcal

材料（2〜3人分）
豚薄切り肉（しゃぶしゃぶ用）…200g
長ねぎ…1本
小松菜…200g
昆布の粉だし…大さじ1
［酒、大根おろし、ゆずこしょう、
ぽん酢しょうゆ］

作り方
❶ 長ねぎは縦半分にしてから斜め薄切りにする。小松菜は長さを3〜4等分に切る。
❷ 鍋に粉だし、水1ℓ、酒大さじ3を入れて火にかける。煮立ったら豚肉、長ねぎ、小松菜を適量ずつ入れ、火を通す。大根おろし、ゆずこしょう、ぽん酢しょうゆなどを添えて食べる。
★1人分塩分2.6ｇ、カロリー256kcal

豚肉、ねぎ、小松菜のしゃぶしゃぶ

昆布の粉だしと水、酒を入れるだけで準備 OK。
あとは肉や好みの具をしゃぶしゃぶして。

豆腐と野菜のチゲ

唐辛子粉と粉だしなどを混ぜ、水を加えながら溶くと、汁が分離せず、ほどよいとろみがつきます。

材料（2～3人分）
じゃがいも…1個
生しいたけ…2枚
玉ねぎ…¼個
青唐辛子…1本
木綿豆腐…200g
桜えびの粉だし…大さじ3
唐辛子粉（韓国産）…大さじ½
[おろしにんにく、みそ]

作り方
❶ じゃがいもは皮をむき、1.5cm厚さのいちょう切りにし、さっと洗う。生しいたけは石づきを除き、4等分にする。玉ねぎは1cmほどの角切りにする。青唐辛子は斜め薄切りに、木綿豆腐は1.5cm角ほどに切る。

❷ 鍋に粉だし、唐辛子粉、おろしにんにく大さじ½、みそ大さじ1を入れ、水600mℓを少しずつ加えながら混ぜて、溶く。じゃがいもを加え、火にかける。

❸ 煮立ったら玉ねぎを加え、5分ほど煮る。しいたけ、豆腐を加え、再び煮立ったら、青唐辛子を加え、1～2分煮る。

★1人分塩分1.2g、カロリー128kcal

セロリのだし粉あえ

とろろやっこ

しらす入りだし巻き卵

焼きなすのうまみだれ

とろろやっこ

とろろのだしを、粉だし＋水で。
調味料を入れて煮立てたら、
必ず冷ましてから大和いもに加えて。

材料（2人分）
絹ごし豆腐…200g
大和いも…150g
昆布の粉だし…大さじ1
万能ねぎ…1本
[塩、しょうゆ、みりん]

作り方
❶ 鍋に粉だし、水100㎖、塩小さじ⅙、しょうゆ、みりん各小さじ1を入れて火にかけ、煮立ったら火を止め、冷ます。
❷ 絹ごし豆腐は半分に切る。大和いもは皮をむいてすりおろす。
❸ ボウルに②の大和いもを入れ、①を少しずつ加えながらすり混ぜる。
❹ 器に豆腐を盛り、③をかけ、刻んだ万能ねぎをのせる。
★1人分塩分1.2g、カロリー157kcal

セロリの だし粉あえ

貝柱の粉だし、
レモンの風味がセロリのくせに
よく合います。

材料（2人分）
セロリ…1本
貝柱の粉だし…大さじ2
[塩、レモン汁、ごま油]

作り方
❶ セロリは斜め薄切りにし、塩少々をふり、しんなりしたら水気を絞る。
❷ ボウルに粉だし、水大さじ2、レモン汁大さじ1、ごま油小さじ1を入れて混ぜ、①のセロリをあえる。
★1人分塩分0.7g、カロリー48kcal

焼きなすの うまみだれ

なすは皮が黒く焦げるまで焼き、
皮をむきます。熱々に粉だし入りの
しょうゆだれをかけて。

材料（2人分）
なす…4本
しょうが…1かけ
大葉…5枚
かつおの粉だし…大さじ½
桜えびの粉だし…大さじ½
[しょうゆ]

作り方
❶ なすはへたに切り目を入れる。しょうが、大葉はみじん切りにする。
❷ 鍋に粉だし2種類、水大さじ2、しょうゆ小さじ2を入れて火にかけ、煮立ったら火を止める。
❸ 焼き網を火にかけて熱し、なすをのせて焼く。全面に焦げ目がついたら、火から下ろす。皮をむいて食べやすい大きさに切り、器に盛る。
❹ ②にしょうが、大葉を混ぜ、なすにかける。
★1人分塩分0.8g、カロリー50kcal

しらす入り だし巻き卵

だし巻き卵のだしも、
粉だし＋水で作れば簡単。
卵に直接混ぜて焼くだけでOK。

材料（2人分）
卵…3個
釜揚げしらす…15g
かつおの粉だし…大さじ1
[塩、油（米油など）]

作り方
❶ ボウルに粉だし、水大さじ6、塩少々を入れてよく混ぜ、卵を加え、溶きほぐしながらよく混ぜる。しらすを加えてよく混ぜる。
❷ 卵焼き器を火にかけて熱し、油小さじ¼をぬる。①の卵液⅕量ほどを入れ、全体に広げ、上面がほぼ焼けたら手前に巻く。
❸ ②をフライパンの奥側に寄せ、手前に油をぬる。残りの卵液の¼量を入れて広げ、卵焼きを持ち上げて下にも流す。上面がほぼ焼けたら手前に巻く。
❹ 残りの卵液は、3回に分け、③と同様にして焼く。
❺ 卵焼き器から取り出したら、粗熱を取り、切り分ける。
★1人分塩分1.1g、カロリー159kcal

ごはん・めん

粉だしを調味料代わりに。
塩分を気にせず、たくさんふっても大丈夫。
ふるだけでおいしくなります。

納豆卵かけごはん

納豆には卵白を入れてかき混ぜ、ふわふわに。
卵黄を仕上げにのせます。

材料（1人分）
納豆…1パック（40g）
卵…1個
万能ねぎ…1本
温かいごはん…茶碗1杯分
かつおの粉だし…小さじ1
［しょうゆ］

作り方
❶ 卵を割り、卵白、卵黄に分ける。
❷ ボウルに粉だし、しょうゆ小さじ1、納豆を入れてかき混ぜる。卵白を加え、泡立てるようにさらに混ぜる。
❸ 茶碗にごはんを盛って②をかけ、卵黄をのせ、刻んだ万能ねぎをのせる。
★1人分塩分1.1g、カロリー401kcal

ごぼうの炊き込みごはん

米、水、粉だしを入れて炊けば、おいしいだしごはんに。
具は好きなものでOKです。

材料（4人分）
米…300ｇ（２合）
ごぼう…½本（100ｇ）
蒸し大豆（市販品）…100ｇ
桜えびの粉だし…大さじ３
［酒、しょうゆ、塩］

作り方
❶ 米は洗い、ざるに上げて水気をきる。炊飯器の内釜に入れ、水400㎖、酒大さじ２、粉だしを入れ、30分以上おく。
❷ ごぼうはよく洗い、細いささがきにする。
❸ ①にしょうゆ大さじ½、塩小さじ⅓を混ぜる。蒸し大豆、②のごぼうをのせ、普通に炊く。
❹ 炊き上がったら底から混ぜ、器に盛る。
★1人分塩分１ｇ、カロリー336kcal

卵チャーハン

塩は卵に少々加えるだけ。仕上げの味つけは粉だしで。
たっぷりふってもしょっぱくならないのが粉だしのいいところ。

材料（2人分）
卵…3個
長ねぎ…⅓本
キャベツ…2枚
ごはん…300g
貝柱の粉だし…大さじ3
[塩、こしょう、油（米油など）、
しょうゆ]

作り方
❶ 卵は溶きほぐし、塩、こしょう各少々を混ぜる。長ねぎはみじん切りにする。キャベツは3cmほどの角切りにする。

❷ フライパンに油大さじ2を熱し、長ねぎを弱火で炒める。香りが立ったら卵を流し入れ、中火にしてひと混ぜする。卵が半熟のうちに、ごはん、キャベツ、粉だしを入れ、ぱらりとするまで炒める。

❸ しょうゆ大さじ½をふり、さっと炒め合わせる。

❹ 器に盛って、好みでこしょうをふる。

★1人分塩分1.8g、カロリー505kcal

煮干しごはん、ヤンニョム添え

粉だしを入れて炊飯器で炊くだけ。
具は食感のアクセントにきくらげを。韓国風の辛みだれをかけます。

材料（4人分）
米…300ｇ（2合）
煮干しの粉だし…大さじ3
きくらげ（乾燥）…10ｇ
万能ねぎ…4本
唐辛子粉（韓国産）…大さじ½
[酒、しょうゆ、ごま油、すりごま、
おろしにんにく]

作り方
❶ 米は洗ってざるに上げ、水気
をきる。炊飯器の内釜に入れ、水
400㎖、粉だし、酒大さじ2を入
れて混ぜ、30分おく。
❷ きくらげはたっぷりの水に20分
ほど浸してもどし、細切りにする。
❸ ヤンニョムを作る。ボウルに
しょうゆ大さじ1、小口切りの万
能ねぎ、唐辛子粉、ごま油大さじ
1、すりごま大さじ½、おろしに
んにく小さじ½を合わせて混ぜる。
❹ ①にきくらげをのせて普通に
炊く。炊き上がったら底から混ぜ、
器に盛る。③のヤンニョムをか
けて食べる。
★1人分塩分1ｇ、カロリー330kcal

にらねぎ焼きそば

粉だしは、仕上げに加え、
めんにからませるよう混ぜます。

材料（2人分）
にら…1束
長ねぎ…½本
豚バラ薄切り肉…100g
中華蒸しめん（焼きそば用）…2玉
昆布の粉だし…大さじ1
［しょうゆ、酒、塩、みりん、ごま油、
油（米油など）］

作り方
❶ にらは4〜5cm長さに切る。長
ねぎは縦半分にしてから斜め1cm
幅に切る。豚肉は3cm長さに切る。
❷ ボウルにしょうゆ、酒各大さ
じ1、塩少々、みりん、水各小さ
じ2を混ぜる。
❸ フライパンにごま油大さじ1
を熱し、中華蒸しめんをほぐしな
がら入れる。中火で焼き、両面が

こんがり焼けたら、取り出す。
❹ フライパンに油大さじ½を熱
し、豚肉を中火で炒める。肉の色
が変わったら、②を加え、煮立
ったら、にら、ねぎ、粉だしを入れ、
③のめんを戻し、炒め合わせる。
★1人分塩分1.8g、カロリー560kcal

材料（2人分）
うどん（乾めん）…150g
油揚げ…1枚
煮干しの粉だし…大さじ3
［薄口しょうゆ、みりん、
おろししょうが］

作り方
❶ うどんは表示どおりにゆでる。
❷ フライパンを熱し、油揚げを焼く（油はひかない）。両面に焼き目がついたら、縦半分にしてから横に5mm幅に切る。
❸ 鍋に水600㎖、薄口しょうゆ小さじ2、みりん大さじ½、粉だしを入れて火にかける。煮立ったら、うどんを入れて温める。

しょうがうどん

ここでは乾めんをゆでて使っていますが、ゆでうどん、冷凍うどんでもOK。その場合の分量は2玉で。

❹ どんぶりに盛り、②の油揚げ、おろししょうが大さじ2をのせる。
＊1人分塩分2.4g、カロリー308kcal

材料（2人分）
中華生めん…2玉
貝柱の粉だし…大さじ2
しょうが、にんにく…各ひとかけ
長ねぎ…4cm
トマト…1個
［ごま油、豆板醤、しょうゆ］

作り方
❶ 長ねぎは半分に切り、芯を抜き、細切りにして水にさらす。トマトは5mm厚さのいちょう切りにする。しょうが、にんにくはみじん切りにする。
❷ フライパンにごま油大さじ1と½を熱し、しょうが、にんにく、豆板醤小さじ1を弱火で炒める。香りが立ったら、しょうゆ小さじ2、水大さじ2、粉だしを入れ、煮立ったらボウルに移す。
❸ 中華生めんは表示どおりにゆで、ざるに上げる。
❹ ②に③のめんを入れてよくあえ、器に盛る。トマト、ねぎをのせる。
＊1人分塩分2.3g、カロリー401kcal

中華風あえめん

粉だしは、にんにく、豆板醤、しょうゆなどと合わせ、フライパンで煮て、ピリ辛だれに。めんにしっかりあえます。

漬物

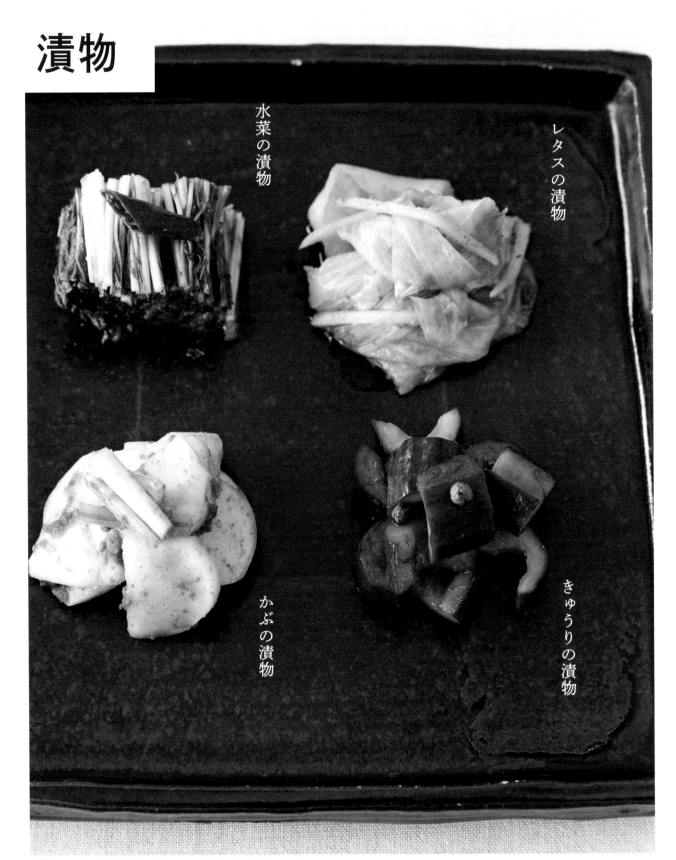

水菜の漬物

レタスの漬物

かぶの漬物

きゅうりの漬物

レタスの漬物

ポリ袋に材料をすべて入れ、
袋ごともむだけ。
重しをして漬けると
味がよくしみます。

材料(5人分)
レタス…½個(200g)
桜えびの粉だし…大さじ1
しょうが…ひとかけ
[塩]

作り方
❶ レタスはざく切りにする。しょうがは細切りにする。
❷ ポリ袋に塩小さじ⅔、粉だし、水大さじ2、しょうがを入れて袋ごともむ。レタスを加え、さらにもむ。空気を抜きながら口を閉じる。
❸ 重し(500gほど)をし、3〜4時間おいてから冷蔵する。
★1人分塩分0.9g、カロリー10kcal

水菜の漬物

煮干しの粉だしを使って。
赤唐辛子で風味に変化を。

材料(5人分)
水菜…200g
煮干しの粉だし…大さじ1
赤唐辛子…1本
[塩]

作り方
❶ 赤唐辛子は半分に切る。
❷ ポリ袋に塩小さじ⅔、粉だし、水大さじ2、赤唐辛子を入れて袋ごともむ。水菜を加え、なじませる。空気を抜きながら口を閉じる。
❸ 重し(500gほど)をし、3〜4時間おいてから冷蔵する。食べやすい長さに切っていただく。
★1人分塩分0.9g、カロリー15kcal

かぶの漬物

かつおの粉だしを使って。
酢と砂糖を加えて、
甘酢に仕上げます。

材料(5人分)
かぶ…150g
かぶの茎…50g
かつおの粉だし…大さじ1
[塩、酢、砂糖]

作り方
❶ かぶは縦半分に切ってから5mm幅に切る。かぶの茎は3cm長さに切る。
❷ ポリ袋に塩小さじ⅔、粉だし、酢大さじ½、砂糖小さじ1を入れて袋ごともむ。かぶ、かぶの茎を加え、さらにもむ。空気を抜きながら口を閉じる。
❸ 重し(500gほど)をし、3〜4時間おいてから冷蔵する。
★1人分塩分0.8g、カロリー17kcal

きゅうりの漬物

貝柱の粉だしを使い、花椒を加え、
中華風の漬物に。

材料(5人分)
きゅうり…2本
貝柱の粉だし…大さじ1
[しょうゆ、酢、花椒]

作り方
❶ きゅうりは二つ割りにし、種を取り、2cm幅に切る。
❷ 鍋に粉だし、しょうゆ小さじ4、酢、水各大さじ1、花椒小さじ1を入れて火にかけ、煮立ったら火を止め、冷ます。
❸ ポリ袋に②、きゅうりを入れて袋ごとよくもむ。空気を抜きながら口を閉じる。
❹ 重し(500gほど)をし、3〜4時間おいてから冷蔵する。
★1人分塩分0.8g、カロリー17kcal

減塩
白菜キムチ

アミの塩辛の代わりに、
桜えびの粉だしを使います。
白菜の塩漬け用塩も控えることで、
塩分は従来の約半分以下に。

材料（8人分）
白菜（できれば中心部分）…400ｇ
長ねぎ…5ｃｍ
桜えびの粉だし…大さじ3
唐辛子粉（韓国産）…大さじ2
いり金ごま…大さじ1
[塩、はちみつ、薄口しょうゆ、
ナンプラー、おろしにんにく、
おろししょうが]

作り方
❶白菜は一口大に手で裂く。長ね
ぎはみじん切りにする。白菜に塩
小さじ½をまぶし、漬物容器など
に入れ、重しをして30分以上おく。
❷ボウルに粉だし、唐辛子粉、
はちみつ大さじ1、金ごま、薄口
しょうゆ、ナンプラー各小さじ
1、長ねぎ、おろしにんにく大さ
じ½、おろししょうが小さじ1を
入れて混ぜる。
❸①の白菜を取り出したら水気
をしっかりきる。②に入れ、全
体になじむよう混ぜる。
＊1人分塩分0.7ｇ、カロリー35kcal

減塩みそ漬け

昆布の粉だしを使えば、
約300gの野菜にみそは
たった大さじ2。
塩分は従来の約⅓ほどです。

材料（6人分）
きゅうり…1本（100g）
大根…100g
にんじん…½本（100g）
昆布の粉だし…大さじ1
［みそ］

作り方
❶ きゅうりは長さを3等分に切る。大根は縦四等分に切る。にんじんは皮をむいて4等分に切る。
❷ ボウルに粉だし、みそ大さじ2、水大さじ1を合わせてよく混ぜる。①の野菜を入れ、みそをまぶすように混ぜる。
❸ ポリ袋に②を入れ、空気を抜きながら口を閉じる。室温に6時間ほどおいて漬ける。そのあとは冷蔵庫に保存する。
❹ 食べるときはみそをさっと洗い、切り分けて器に盛る。
★1人分塩分0.7g、カロリー20kcal

藤井 恵　ふじい・めぐみ
テレビ、雑誌、WEB、書籍などで幅広く活躍する人気料理研究家。毎日のごはんから、お弁当、おやつ、酒のつまみまで幅広く手がけ、おいしさはもちろん、作りやすさ、素材の取り合わせのセンスのよさなどに定評がある。また、管理栄養士の資格を生かした、健康や栄養に関する料理のレシピも好評。本書は減塩やカルシウム摂取など、自身と家族の健康を考えて実践していた粉だしを、レシピとともにまとめたもの。『藤井 恵の「からだが整う」おかゆ』、『藤井 恵の「すぐ使えるストック」』（共に文化出版局）、『わが家のとっておき韓国ごはん』（Gakken）、『藤井 恵の健美ごはん』（女子栄養大学出版部）など著書多数。

ブックデザイン　若山嘉代子 L'espace
撮影　邑口京一郎
スタイリング　大畑純子
校閲　山脇節子
ＤＴＰ　佐藤尚美 L'espace
編集　杉岾伸香（管理栄養士）
　　　浅井香織（文化出版局）

プリンティングディレクター　杉浦啓之（凸版印刷）

藤井 恵の「粉だし」のすすめ

2023年7月23日　第1刷発行

著　者　藤井 恵
発行者　清木孝悦
発行所　学校法人文化学園 文化出版局
　　　　〒151-8524　東京都渋谷区代々木 3 -22-1
　　　　電話03-3299-2565（編集）
　　　　　　 03-3299-2540（営業）
印刷所　凸版印刷株式会社
製本所　大口製本印刷株式会社

文化出版局のホームページ　https://books.bunka.ac.jp/